yukismart.com/b/e60a46

bebè

bebek

bambino

oğlan

amici

arkadaşlar

bambina

kız

sorridere

gülümsemek

piangere

ağlamak

capelli
saç

occhio
göz

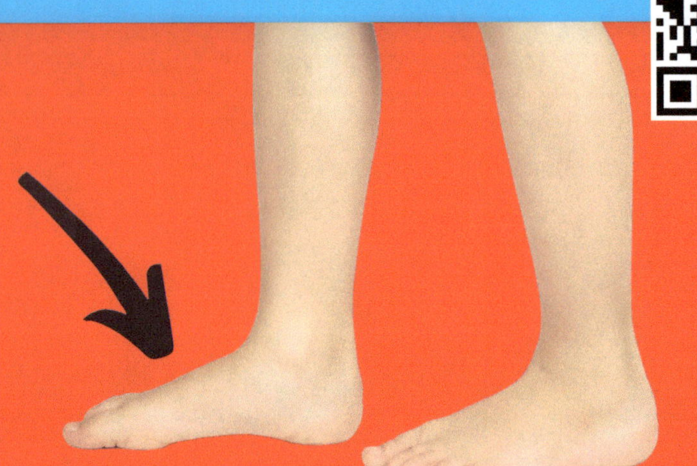

piede
ayak

mano
el

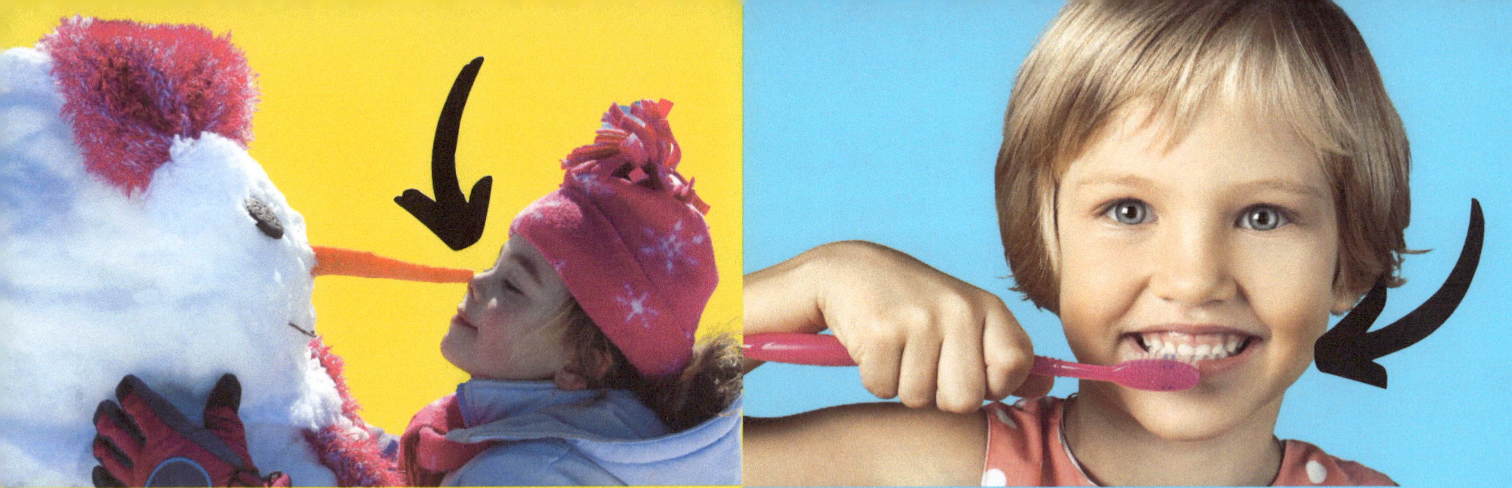

naso

burun

denti

dişler

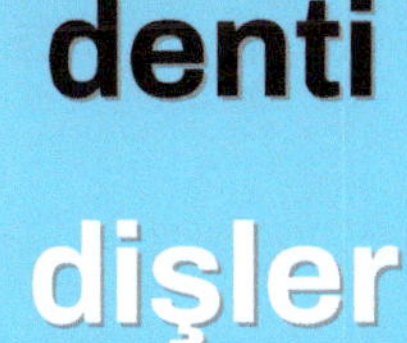

orecchio

kulak

lingua

dil

sole

güneş

luna

ay

stella

yıldız

albero

ağaç

uccello

kuş

cappotto

palto

pantaloni

pantolon

vestito

elbise

scarpe

ayakkabı

rosso

kırmızı

blu

mavi

giallo

sarı

rosa

pembe

bianco
beyaz
verde
yeşil
nero
siyah

multicolore

rengârenk

arcobaleno

gökkuşağı

mela

elma

banana

muz

pomodoro

domates

arancia

portakal

carota

havuç

piselli

bezelye

patata

patates

mais

mısır

limone

limon

uva

üzüm

pera

armut

cocomero

karpuz

zucchina

kabak

uovo

yumurta

fungo

mantar

quadrato

kare

cerchio

daire

rettangolo

dikdörtgen

triangolo

üçgen

gatto

kedi

cane

köpek

pesce

balık

mucca

inek

anatra

ördek

pulcino

civciv

gallina

tavuk

rana

kurbağa

maiale

domuz

coniglio

tavşan

topo

fare

cavallo

at

pecora

koyun

fiore

çiçek

farfalla

kelebek

coccinella

uğur böceği

lumaca

salyangoz

torta

pasta

pane

ekmek

orologio

saat

chiave

anahtar

libro

kitap

palla

top

tavolo

masa

piatto

tabak

sedia

sandalye

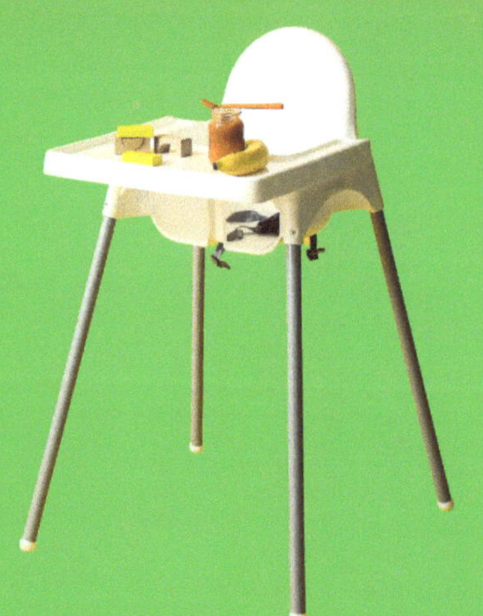

seggiolone

mama sandalyesi

forchetta

çatal

coltello

bıçak

cucchiaio

kaşık

tazza

kupa

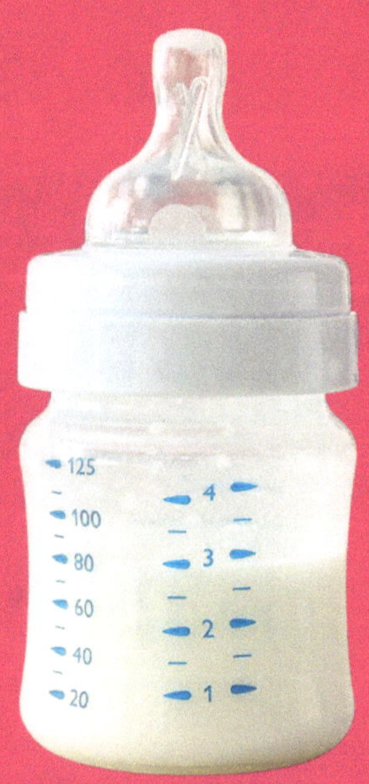

biberon

bicchiere

letto

yatak

culla

beşik

orsacchiotto

oyuncak ayı

ciuccio

emzik

asciugamano

havlu

lavandino

lavabo

spazzolino

diş fırçası

sapone

sabun

gabinetto

tuvalet

vasino

lazımlık

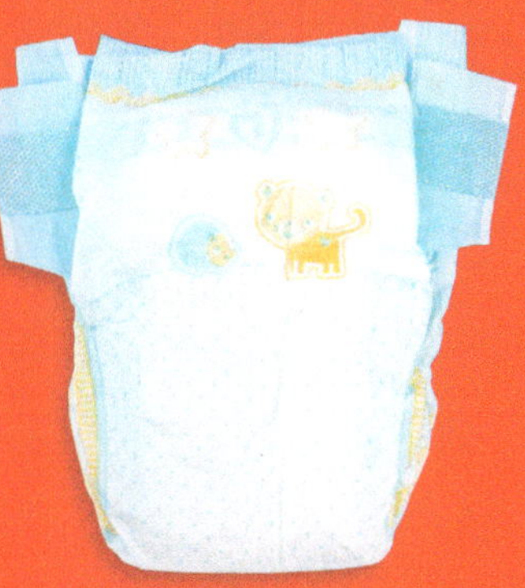

pannolino

bebek bezi

automobile

araba

bicicletta

bisiklet

aereo

uçak

barca

tekne

camion dei pompieri

itfaiye arabası

treno

tren

giocattoli

oyuncaklar